AF312757

A MESSIEURS

Les Membres composant la Chambre des Députés des Départemens, et à MM. les Pairs de France.

DÉNONCIATION

D'USURPATION DE JURIDICTION,

D'ACTES ARBITRAIRES,

DÉNI DE JUSTICE ET CONCUSSION.

A Messieurs les Membres composant la Chambre des Députés des Départemens, et à MM. les Pairs de France.

M E S S I E U R S,

C'EST contre les actes anticonstitutionnels d'une *autorité administrative* dont la charte n'a consacré ni l'existence ni les attributions; c'est contre les actes oppressifs dirigés contre moi au nom de cette autorité administrative; c'est contre un Ministre de la justice, qui garde le silence quand un citoyen, dépouillé de ses biens par d'autres citoyens, vient lui demander des juges, que je viens me pourvoir auprès de vous, procurateurs légaux de tous les Français, et conservateurs nécessaires

*

des principes constitutifs de toute société civilisée.

Vous ne passerez pas à l'ordre du jour, Messieurs, car j'ai épuisé tous les degrés de juridiction ; vous ne passerez pas à l'ordre du jour, puisque je me suis adressé à toutes les autorités compétentes de droit, et encore à celles qui se sont emparées d'une compétence de fait ; vous ne passerez pas à l'ordre du jour, parce que vous considérerez qu'un citoyen attaqué dans ses propriétés par un autre citoyen, ne doit pas être privé du droit de le traduire devant les juges institués par la loi, et que, sans détruire l'ordre social lui-même, on ne peut refuser des juges à celui qui revendique sa propriété, parce que le droit naturel reprend sa force aussitôt que la loi perd sa puissance ; vous ne passerez pas à l'ordre du jour, parce que la France entière, qui depuis long-temps gémit sous le poids des usurpations administratives, demande à rentrer sous le régime des lois, et que vos départemens opprimés successivement par tous les genres de despotisme, accablés sous le poids de toutes les calamités, se consolent encore parce qu'ils attendent de vous que vous saurez obtenir pour eux ce que la charte leur a promis. Je joins à ma pétition le mémoire, appuyé de pièces, que j'ai adressé à Son Excellence le grand-juge, mémoire auquel il n'a point encore répondu, et sur lequel je craindrais qu'il ne voulût répondre que lorsque les Chambres auraient clos leur session. Mais les actes anticonstitutionnels dont je me plains dans ce mémoire peuvent, dans tous les temps, être dénoncés aux Chambres, et la décision favorable que le Ministre pourrait prendre, dans un cas particulier, ne saurait empêcher à un bon Français de solliciter l'application générale et absolue des principes qui découlent de l'acte constitutionnel.

J'ai traité avec des hommes pour des opérations commerciales; ces hommes avaient eux-mêmes traité avec le Gouvernement; ils avaient entrepris à forfait une opération de subsistances; ils se sont reconnus mes débiteurs par compte fait et arrêté entre nous ; ils ont ensuite refusé de payer leur dette, et je les ai assignés devant les Tribunaux. Le Tribunal de commerce les a condamnés. Jusque là tout était dans l'ordre : *car j'aurais traité immédiatement avec le Gouvernement lui-même, que mon action était encore dans les attributions judiciaires, parce qu'il s'agissait d'un droit de propriété seulement, et non d'un droit de personne susceptible de changer la compétence.*

Cependant mes débiteurs ont invoqué l'autorité administrative ; la Cour de cassation a admis leur exception, et de juridiction en juridiction je suis arrivé au Conseil d'Etat : ce Conseil, ainsi que vous le verrez dans mon mémoire, Messieurs, a *jugé* sans *juger*, puisqu'après un long considérant dont je n'ai pu comprendre ni l'objet ni le sens, il a *jugé qu'il ne jugeait pas.* Cependant mes débiteurs triomphent, et moi, repoussé par l'administration qui juge qu'elle ne jugera pas, et par les Tribunaux qui sont paralysés par

un arrêt de cassation, je demeure dépouillé
de ma fortune et sans recours si aucune autorité ne prononce la nullité des actes administratifs en matière judiciaire. Je suis donc,
jusqu'à présent, victime du déni de justice le
plus inoui.

Mais je ne vous ai point fait connaître encore toutes mes adversités : il ne suffisait pas
qu'un Conseil d'Etat, auquel la loi de l'Etat
n'a conféré aucune autorité, dont elle n'a
même pas consacré l'existence; qu'un Conseil
d'Etat, qui peut seulement exercer sur les
agens administratifs, pour fait d'administration seulement, la portion d'autorité que le
Roi juge à propos de lui confier, s'érigeât en
tribunal judiciaire pour décider des intérêts
de propriété d'un citoyen contre un autre
citoyen ; il ne suffisait pas que ce tribunal il-
légal poussât l'oubli de toutes les convenances
jusqu'à se permettre de juger à *huis - clos*,
*sans audition contradictoire des parties
présentes à l'audience*, et sur *rapport secret
pour les mêmes parties, rapport dont elles*

viij

ne peuvent contester ni la véracité ni l'exactitude ; il fallait encore que, sans y être autorisé par aucune loi, il prononçât des condamnations aux dépens, et que des individus constitutionnellement inconnus, mais prétendant agir au nom de ce prétendu Tribunal, fissent exercer contre les citoyens des poursuites par voie de *saisie, contrainte, garnison, vente de meubles,* pour les forcer à payer, à titre de dépens, des sommes arbitrées suivant la volonté de ces agens d'admiuistration. Voilà cependant, Messieurs, les actes arbitraires, les abus de pouvoir, les tentatives de concussion dont je suis encore accablé.

Le Code de procédure a indiqué le mode d'exécution de tous les jugemens et arrêts judiciaires ; une loi a fixé le tarif de tous les frais judiciaires. Le Code de procédure ne parle point de l'exécution des jugemens rendus par le Conseil d'Etat ; aucune loi n'a déterminé le tarif des frais judiciaires du Conseil d'Etat. Tout officier ministériel judiciaire qui prétend procéder à l'exécution d'actes non prévus par le Code de procédure, seule et unique règle des officiers ministériels judiciaires, se rend coupable de forfaiture, abus de pouvoir, acte arbitraire, etc. Tout agent quelconque, qui prétend exiger des citoyens des sommes quelconques, sous un prétexte quelconque, sans y être autorisé par une loi, devient coupable de concussion : il suit de là qu'un employé de bureau, nommé Hochet, a agi arbitrairement à mon égard quand il a prétendu faire exécuter par des agens judiciaires des condamnations aux dépens, prononcées contre moi par une autorité qui n'est pas autorité judiciaire ; qu'il s'est rendu concussionnaire quand il a tenté, par voie de *saisie* et autres violences, d'exiger de moi des sommes qu'aucune loi ne l'autorise à percevoir ; enfin, que les huissiers et autres agens judiciaires qui se sont employés à exécuter les actes ordonnés par ledit Hochet, sont devenus ses complices.

Au reste, Messieurs, lors même que, par une funeste dérogation à la charte et à tous

les principes d'une législation raisonnable,
on admettrait en faveur de l'administration
une jurisprudence d'exception, il n'en demeu-
rerait pas moins constant que des juges, quels
qu'ils soient, doivent être indépendans, c'est-
à-dire inamovibles et non révocables *ad nu-
tum principis ;* que leurs audiences comme
juges doivent être publiques ; que les parties
doivent y être entendues contradictoirement ;
qu'elles doivent entendre les rapports et conclusions du ministère public, et pouvoir les
contredire dans leurs plaidoiries ; et qu'alors,
Messieurs les conseillers d'Etat ne peuvent
être juges tant qu'ils seront révocables ; qu'ils
ne jugent point tant qu'ils informent et prononcent à *huis-clos,* et que leurs audiences
en qualité de juges ne sont pas publiques.

Enfin, le Conseil d'Etat ne peut prononc-
cer de condamnation aux dépens ni comme
administration ni comme juge ; comme administration, les dépenses de ce Conseil font
partie des sommes portées au budjet pour
frais d'administration du Royaume, d'où il

suit que tout acte administratif est essentielle-
ment gratuit quand la loi n'a pas expressément décidé le contraire ; comme juge, il ne
le pourrait pas davantage , parce que ces
condamnations ne sont autorisées par aucune
loi, et que l'emploi des fonds qui peuvent en
provenir ne figurent pas au budjet. Il s'en
suit donc , Messieurs, qu'il y a abus de pouvoir quand on soumet au Conseil d'Etat des
contestations des citoyens pour fait de leur
propriété ; qu'il y a usurpation de juridiction
quand ce Conseil se permet d'évoquer ou de
tolérer l'évocation de ces contestations ; qu'il
y a acte arbitraire quand ce Conseil prononce ;
qu'il y a déni de justice quand, par suite de
l'usurpation de juridiction , les parties ne peuvent retrouver leurs juges naturels ; et concussion quand ce Conseil d'Etat prononce des
condamnations aux dépens , et que les employés de ses bureaux en font exiger le montant.

Je vous prie , Messieurs, de prendre les
mesures que vous jugerez convenables pour

xij

nous mettre à l'abri, moi et tant d'autres
Français frappés par les mêmes abus, de cet
abus de pouvoir, de cette usurpation de juridiction, de ce déni de justice, enfin de ces
concussions.

Je suis avec un profond respect,

M ESSIEURS,

Votre très-humble et très-
obéissant serviteur,
G. CEZAN,
rue Thévenot, n°. 15.

Paris, le 4 mai 1818.

A SON EXCELLENCE

LE SECRÉTAIRE D'ÉTAT

MINISTRE DE LA JUSTICE.

MONSEIGNEUR,

S'IL est des hommes dont on peut abattre le courage en multipliant les obstacles devant eux, si le plus grand nombre cède à la vue de difficultés qui paraissent insurmontables, il en est d'autres dont les forces s'accroissent en proportion des adversités qu'ils essuyent; je suis de ces derniers. Depuis quinze ans je demande justice sans pouvoir l'obtenir; je la demande encore, et je la demanderai jusqu'à ce que je l'aye obtenue, et je l'obtiendrai; parce que ma constance ne se démentira jamais, et qu'avec une constance à toute épreuve on parvient à la fin qu'on se propose, quand cette fin est honorable, et conforme à l'équité et à la justice. D'ailleurs je suis père de famille, et si je pouvais être indifférent comme homme, il m'est défendu de l'être comme père. Je dois compte à mes enfans d'une fortune que j'ai légitimement acquise, et que des gens sans foi veulent me dérober. Je la transmettrai à mes enfans, cette fortune, parce que sous un Gouvernement paternel je dois la reconquérir. Je suis citoyen d'un pays civilisé, LOUIS XVIII est sur le trône, vous êtes son Ministre, il ne m'est pas permis de douter du succès.

Je suis né (1) dans la ville de Marseille, et j'y exerçais honorablement la profession de Courtier de commerce, (2) quand les tourmentes révolutionnaires me forcèrent à m'expatrier; je me rendis en Italie, où je vécus en employant dans le commerce les capitaux que j'avais pu emporter avec moi. Les temps devenus plus calmes après le 9 thermidor, je rentrai en France et je vins de nouveau habiter Marseille; j'y étais à peine arrivé que mes concitoyens me chargèrent d'une mission importante : les autorités de la ville venaient de traiter avec la maison *Jacob Cohen, Bacri* et *Comp*., pour un achat de quatre-vingt dix-mille charges de blés (3); les relations que j'avais contractées pendant mon séjour en Italie, la considération dont j'y jouissais dans le commerce, firent penser que je serais propre à suivre le résultat de la négociation, à hâter les versemens, les transports et les arrivages.

La France était alors désolée par une disette affreuse, je n'hésitai point, j'acceptai la mission

----

(1) Voyez l'état des Pièces à la fin du Mémoire.

que l'on voulait bien me confier, je me rendis à Livourne : je remplis cette mission à la satisfaction de mes commettans. La position dans laquelle je m'étais trouvé, la manière dont j'avais opéré, avaient concouru à augmenter et mon crédit et la confiance que le Commerce avait en moi ; ces circonstances m'engagèrent à m'établir définitivement à Livourne, où je fis venir ma famille. J'étais dans cette situation, lorsque l'armée française victorieuse en Italie, vint occuper cette ville. la Toscane fut frappée de réquisitions de grains, pour la nourriture de l'armée, et les autorités locales me donnèrent un témoignage de leur confiance en me désignant pour régulariser ce service. Le Commissaire ordonnateur des guerres, Merlin, me donna donc une commission en date du 9 brumaire an 9, par laquelle il me nommait Agent préposé à la recette et enmagasinement des grains de réquisition dont la gestion et la garde étaient confiées à une Agence manutentionnaire, qui avait traité antérieurement avec le sieur Lambert, Commissaire ordonnateur en chef, pour le service des Subsistances militaires de l'armée d'Italie, partout où elle pouvait ou pourrait être stationnée pendant la durée du marché, et ce, moyennant un *prix ferme*, pour la réception et l'emploi des grains, etc.

Cette Compagnie traitait à *forfait* et à *prix ferme* ; elle se chargeait de tous les frais de réception de grains, mouture, manutention, distributions. Les dépenses qui pouvaient *seules* devenir à la charge du Gouvernement, sont prévues par l'article 16 du traité; toutes les autres, quelles qu'elles puissent être, demeuraient à la charge de l'Agence, au moyen d'un prix convenu par chaque ration qui serait distribuée.

Les membres de l'Agence étaient les sieurs Verac, Manara, Deniot, Dumarey et Lechangeur.

Le marché conclu avec l'Agence lui donnait le droit de choisir et de commissionner ses correspondans et agens, et par lettre du 16 brumaire an 9, l'Agence nomma le sieur Cezan aux mêmes fonctions que l'ordonnateur Merlin lui avait assignées. Cezan accepta cette nomination de l'Agence, il se mit en devoir de remplir sa mission, et il l'a remplie en effet, pendant tout le temps que l'Agence a existé. Devenu Commissionnaire ou Préposé de l'Agence, il a eu droit à un traitement et à des remises et droits de commission pour avances de fonds, frais de gestion et autres (4).

Tous ces objets font la matière d'un compte entre l'Agence et le sieur Cezan, par lequel celui-ci rend compe à l'Agence de toutes les denrées dont il a pris livraison en son nom, des fonds en espèces qu'il a reçus d'elle sous un titre quelquonque, et par lequel enfin l'Agence reconnait le montant des sommes qu'elle reste devoir à Cezan.

Ce compte arrêté définitivemet à Milan, à la date du vingt pluviôse an dix, détermine à la somme de *quatre-vingt-neuf mille huit cent quatre vingt-cinq francs soixante-quinze centimes* la somme qui était due à Cezan, plus 45 sacs de blés.

Ce compte arrêté purement et simplement entre les parties, par le sieur Dandrillon, directeur de la comptabilité de l'Agence et pour l'Agence; et par Cezan pour lui-même ; fut d'abord approuvé purement et simplement par le sieur Lechangeur, au nom de l'Agence même. Mais les membres de l'Agence préparant dès cet instant la spoliation de Cezan, firent ajouter, par *surcharge d'encre et d'écriture différente*, entre l'approuvé de Lechangeur et sa signature, les mots suivans :

Le présent étant pour le compte spécial du Gouvernement, et le citoyen Cezan restant particulièrement responsable envers ledit Gouvernement, de la validité de pièces.

Mais par arrêté du Commissaire ordonnateur en chef Boinot, daté de Breschia, le 15 floréal an dix, il est expressément ordonné que le citoyen Cezan doit se pourvoir auprès d'elle (l'Agence), *pour le paiement de la somme qui est reconnue lui être due.*

Me voilà donc reconnu à l'époque du vingt pluviôse an dix, créancier légitime d'une somme de *quatre-vingt-neuf mille huit cent quatre-vingt-cinq francs*, et je ne pouvais, sous aucun rapport, m'attendre au refus que l'Agence ferait de me payer sa dette (5).

J'étais l'employé direct de l'Agence, nommé par elle et seulement par elle ; c'était avec les membres de l'Agence seulement que j'avais traité et que j'avais entendu traiter ; les rapports de cette Agence avec le Gouvernement m'étaient étrangers et devaient l'être. Et dans la supposition même que les dépenses relatives au service que j'avais faites eussent été à la charge du Gouvernement, l'Agence avait son recours sur ce même Gouvernement, auquel je n'avais nul droit de m'adresser, puisque je n'avais pas été employé par lui, mais seulement par l'Agence qui, dans toutes les hypothèses, était ma seule débitrice, et qui, par la mission qu'elle m'avait donnée en son propre et privé nom, mission que j'avais acceptée, était devenue responsable envers moi des sommes qui pourraient m'être dues, quel que pût être d'ailleurs, le débiteur premier et originel.

Fatigué des instances inutiles que j'avais faites auprès des membres de l'Agence, je me déterminai à porter mon action devant les Tribunaux, et je fis, le 12 brumaire an 12, assigner mes débiteurs par devant le Tribunal de commerce du département de la Seine. Mes adversaires voulurent décliner la juridiction de ce Tribunal, prétendant que l'affaire était du ressort administratif ; mais les juges, voyant d'une part, une Compagnie d'entrepreneurs et de l'autre un citoyen avec lequel cette Compagnie avait traité directement et en son propre nom, rejetta le déclinatoire ; et, faisant droit au fond, condamna, le 11 fructidor an 12, par défaut, Verac et consorts à payer à Cézan ce qu'ils lui devaient (6).

Verac et ses associés formèrent opposition à ce jugement ; mais le Tribunal, par nouveau jugement en date du 2 frimaire an 13, les débouta de leur opposition (7).

L'Agence déboutée dans sa première prétention persista toujours dans son projet de spoliation, elle fondait d'ailleurs ses espérances sur les incertitudes que la législation oppressive, introduite en opposition des lois par des décrets impériaux avait apportées dans la jurisprudence, elle espérait aussi que des juges qui, bien qu'inamovibles par la loi de l'État cessaient de l'être par la volonté plus puissante du tyran, ne jugeraient pas avec cet esprit d'indépendance qui avait pu diriger les membres d'un Tribunal de commerce qui devaient leurs fonctions gratuites au choix honorable de leurs concitoyens ; elle savait aussi, et par expérience, comblien la seule idée d'un pouvoir administratif dont l'autorité s'identifiait avec celle du chef de l'État, contribuait à limiter les attributions des Tribunaux civils.

Cependant, et sans doute dans la crainte de voir la Cour d'appel confirmer le Jugement rendu par le Tribunal de Commerce, elle n'interjeta point appel devant cette Cour. Elle avait d'autant plus de raison de redouter l'opinion des juges d'appel que, dans une affaire semblable, ils avaient déjà prononcé en faveur du créancier.

L'Agence en référa donc directement à la Cour de cassation, et se pourvut par requête non communiquée, contre la compétence du Tribunal de commerce. Serait-il donc vrai que les hommes perdent de leur indépendance en raison de l'importance qu'ils acquièrent dans le monde ? Mais il est certain que l'épouvantail administratif produisit tous ses effets, et la Cour de cassation, par arrêt du 21 brumaire an 13, *annula le Jugement du Tribunal de commerce, et renvoya la cause devant* L'AUTORITÉ ADMINISTRATIVE (8).

Cezan, qui venait d'être condamné sans avoir été entendu, *à l'égard duquel on avait prétendu faire droit, sans avoir soumis le fait à une discussion contradictoire,* le 19 nivôse an 13, forma opposition à cet arrêt, et demanda à être entendu dans ses moyens de défense ; sa requête fut admise, et le 14 germinal an 13, intervint arrêt par lequel la Cour, *attendu d'ailleurs qu'il est incertain si la prétention que reclame l'opposant est à la charge du Gouvernement ou à celle de Verac et consorts, et qu'il n'appartient qu'au Gouvernement de décider cette question,* admet *l'opposition pour la forme, la rejette au fond ; ordonne que son arrêt du 21 brumaire an 13 sera exécuté selon sa forme et teneur.*

Il est aisé de voir combien les motifs de cet arrêt répugnent à toutes raisons du droit admis chez toutes les nations qui ont conservé quelque respect pour la propriété.

Il ne s'agissait pas de déterminer la position de Verac et consorts à l'égard du Gouvernement, mais bien seulement celle de Cezan à l'égard de Verac. Y avait-il eu contrat entre Verac et Cezan ? Cezan était-il créancier en vertu de ce contrat ? Voilà les termes, les seuls termes de la question; et le recours de Verac sur le Gouvernement devient un objet totalement étranger à la cause.

Cependant il fallait céder à la force ; l'arrêt bien ou mal fondé, juste ou injuste, conforme ou non à la loi, était définitif ; nous vivions dans un temps où, bien souvent, il s'agissait moins de demander justice que d'essayer de l'obtenir. Cezan s'adressa donc au Grand-Juge, le 9 fructidor an 13 (10), afin que le Ministre fît rectifier l'erreur que la Cour de cassation venait de commettre en matière de compétence, et fît cesser cette incertitude qui semblait être plutôt le prétexte que le motif de son arrêt. Mais il n'existait alors en France qu'une seule volonté à laquelle chacun semblait se conformer par une espèce d'intuition. Le Grand-Juge ne s'appliqua donc pas à remarquer que la Cour de cassation n'avait point saisi la question qui lui avait été soumise; qu'il ne s'agissait, dans l'affaire, que d'établir la position de Cezan à l'égard de l'Agence; que cette position était déterminée par la nature du contrat qui avait lié réciproquement l'Agence et Cézan ; enfin, que dans une circonstance où les qualités et les droits des parties étaient établis par titres, il ne pouvait pas y avoir d'incertitude ; que le marché passé à Milan entre Verac et consorts et le Commissaire Lambert, déterminait les obligations de ce Verac et de ses associés ; enfin, qu'en dernière analise, l'Agence, qui avait directement et immédiatement traité avec Cezan, était sa seule débitrice, sauf son recours (*à l'Agence*) sur qui de droit. Mais ce Ministre s'évada à travers les formes, et répondit ; le 26 vendémiaire an 14 : « J'ai reconnu qu'il *n'a point* » *été élevé de conflit* dans cette contestation , » puisque l'arrêt de la Cour de cassation , *contre* » *lequel il n'y a pas de recours, depouille l'au-* » *torité judiciaire, etc.* ; un arrêt de la Cour de » cassation renvoye à l'autorité administrative; cet » arrêt doit être exécuté (11). »

Cezan, obligé de se pourvoir par devant *l'auto-rité administrative*, s'adressa à M. le Préfet du département de la Seine, par requête en date du 29 brumaire an 14 (12). Avant de prononcer sur cette requête, M. le Préfet voulut prendre des renseignemens auprès du Ministre de la guerre qui répondit : *Qu'en suite de l'arrêté du 10 germinal an 11, il avait ordonné l'envoi de toutes pièces relatives aux liquidations à M. Defermont, li-quidateur général de la dette publique.* En conséquence M. le Préfet écrivit, le 29 mars et le 11 octobre 1806, au Liquidateur général et lui demanda : 1°. *Si les membres de l'Agence étaient sous tous les rapports des simples Régisseurs pour le compte du Gouvernement, ou si tout en admettant cette qualité de régisseur, ils étaient, vis-à-vis de leurs employés, des Entrepreneurs à prix ferme ;*

2°. Si au nombre de leurs employés ils avaient admis le sieur Cezan.

Voici la réponse faite par M. Defermont, en date du 12 janvier 1807 :

« Que le sieur Cezan a été employé par l'Agence
» pour la réception des denrées qui devaient lui
» être versées ; qu'il a été commissionné au nom
» et avec l'approbation de l'Agence, par son Ins-
» pecteur général, et que le Commissaire ordon-
» nateur Boinod, M. le Conseiller d'État Gau et
» S. E. le Ministre de la Guerre ont décidé *uni-*
» *formément* qu'il était le Comptable de l'Agence,
» et que *c'était à elle de le payer de ce qui pou-*
» *vait lui être dû ; qu'il est certain que l'Agence*
» *était tenue du paiement de ses employés* au
» moyen d'un prix ferme *qui lui était accordé pour*
» *la couvrir de ses frais de manutention, etc...*
» Et d'un autre côté le Gouvernement conserve
» toujours son droit d'examiner, lors du compte
» qui lui sera présenté par l'Agence même, et de
» vérifier à son égard les dépenses qu'elle aura
» allouées au sieur Cezan. *Mais que si ce dernier*
» *était payé, le Gouvernement perdrait tout re-*
» *cours vis-à-vis de lui, en cas d'insuffisance*
» *des Membres de l'Agence pour remplir le*

» *déficit*. Que l'arrêté du 23 brumaire an 10, qui
» a ordonné qu'il serait statué administrativement
» sur toutes les réclamations de paiement qui se-
» raient faites par les employés des Régisseurs,
» pour raison de leur service, paraît avoir remédié
» à cet inconvénient (13). »

Il faut avoir vu cette pièce pour croire qu'un homme qui occupait des fonctions dans l'Etat, pût manquer de sens et de raison à un tel point. Voilà donc à quel abaissement de stupidité la tyrannie fait descendre ses agens !

C'est à l'Agence de payer à Cezan ce qui pourrait lui être dû, mais elle ne payera pas , parce qu'elle pourrait être en déficit envers le Gouvernement ! Mais comment ce Gouvernement pourra-t-il profiter des sommes dues par l'Agence, à Cezan ? Si cette Agence est insolvable, tous ses créanciers éprouveront des pertes, le Gouvernement comme les autres, si toutefois le Gouvernement a payé à l'Agence plus qu'il ne lui devait ; s'il est encore débiteur *aux termes du marché*, il se trouve alors lui-même en état de vérifier les comptes, et de se retenir tout ou partie des répétitions qu'il aurait à faire.

Qu'ont de commun dans cette circonstance les intérêts du Gouvernement avec les condamnations légales que Cezan aurait obtenues contre l'Agence ? (6) (7), Et en quoi ces condamnations pouvaient-elles nuire aux intérêts de l'État ? Mais, quand c'est en élevant au plus haut point la théorie et la pratique des spoliations , qu'on est parvenu à se donner de l'importance comme homme d'État ; on fait comme M. Defermont, on ne rougit même pas de l'absurdité d'un mauvais raisonnement, parce qu'on cache sa honte sous le manteau du despote.

Cependant et en conséquence de cette réponse du *Liquidateur général de la dette publique*, M. le Préfet du département rendit l'arrêté suivant, sous la date du 16 juillet 1807 (13) :

» CONSIDÉRANT que, d'après les pièces qui ont » été soumises au Préfet et le rapport annexé » à la lettre de M. le Conseiller d'État Directeur » général de la liquidation de la dette publique, » il est établi :

» 1°. Que le sieur Cézan était employé de l'A-» gence administrative des Subsistances de l'armée » d'Italie, créée le 14 vendémiaire an 9, par le » Commissaire ordonnateur Lambert ;

» 2°. Que cette agence avait traité à *prix ferme*, » pour les appointemens de ses employés, et » qu'elle était personnellement tenue de cette » dépense ;

» CONSIDÉRANT, que les art. 11 et 12 de l'arrêté » du Gouvernement, du 23 brumaire an 10, » n'ont rapport qu'aux réclamations dirigées contre » des Régisseurs, ou contre le Gouvernement, » ainsi qu'il a été expressément décidé dans l'af-» faire Limoge, Masière et Noë, par arrêté du « Gouvernement, du 9 nivôse an 10 ; qu'il s'en » suivait, en conséquence, que la contestation

« élevée entre le sieur Cezan et les Membres d
» l'Agence administrative des Subsistances d'
» l'armée d'Italie, ne serait point susceptible d
» l'application de cet arrêté du 23 brumaire, e
» qu'elle devait être *poursuivie comme toutes le*
» *contestations entre particuliers, par devant les*
» *Tribunaux ordinaires ;*
» CONSIDÉRANT toutefois, que le Conseiller d'État
» Directeur général de la liquidation de la dette
» publique, saisi de l'examen et de l'apurement
» des comptes de l'Agence, est d'avis que le Gou-
» vernement n'est pas absolument désintéressé
» dans la contestation d'entre cette Agence et le
» sieur Cezan, et qu'il pourrait être utile de laisser
» cette contestation dans les attributions de l'au-
» torité administrative, à qui elle a été renvoyée
» par la Cour de cassation ;
» Le Conseiller d'État Préfet du département
» de la Seine arrête :
» La demande du sieur Cezan est rejettée.
« *Signé* le Préfet de la Seine (13). »

La contestation de Cezan contre l'agence, *n'est point susceptible de l'application de l'arrêté du 23 brumaire, elle doit être poursuivie comme toutes les contestations entre particuliers,* PAR DEVANT LES TRIBUNAUX ORDINAIRES.

Mais considérant ; *qu'il pourrait être utile de laisser cette contestation dans les attributions de l'autorité administrative à qui elle a été renvoyée, arrête : la demande du sieur Cezan est rejettée.*

Quelle singulière contradiction ! l'administration ne peut ni ne doit juger, et en même temps elle se réserve l'affaire !

De semblables décisions sont des monumens pour l'histoire; la postérité apprendra sous quel joug affreux la France à gémi; elle verra qu'il fut une époque où les lois demeuraient impuissantes parce qu'un magistrat *timide* pensait qu'il était utile de dénier la justice. Et quelle utilité grand dieu ! La crainte de déplaire à l'oppresseur, et l'ambition de ses bonnes graces ! Cependant je dois rendre justice au Préfet, *comme Magistrat*, il consacre *le principe*, de manière à faire voir que s'il le viole, c'est comme *agent de la tyrannie*.

Repoussé à la fois par les tribunaux et par l'administration, Cezan se vit forcé de demander *au Conseil d'État* une décision qui, rétablissant l'ordre du droit interverti par l'arrêté *bizarre* du Préfet, le renvoyât devant ses juges naturels. Là ses adversaires ont employé pendant long-temps toutes les ressources de la chicane; et enfin après un grand nombre de mémoires et de répliques, dans lesquels Messieurs les avocats ont, comme à l'ordinaire, perdu beaucoup de temps à s'occuper des accessoires de la cause, la question unique n'a pas même été posée.

Verac et consorts soutiennent que le Gouvernement est seul débiteur envers Cezan. Cezan, qui n'a point traité avec le Gouvernement, mais seulement avec Verac et consorts, demande qu'il lui soit permis de poursuivre ses *débiteurs* par devant les tribunaux ordinaires. Un arrêté du Préfet de la Seine décide que , *l'action de Cezan contre l'agence doit être poursuivie* PAR DEVANT LES TRIBUNAUX ORDINAIRES , *et le même arrêté, par un motif d'utilité indéterminée , reserve l'affaire à l'administration.*

Cet arrêté est déféré au *Conseil d'État :* la question sur laquelle cette autorité devait prononcer , celle sur laquelle elle devait au moins s'expliquer , était celle-ci.

Le Préfet a-t-il eu raison d'affirmer que *l'action de Cezan doit être poursuivie pardevant les tribunaux ordinaires* ; et dans l'affirmative, pouvait-il retenir la connaissance de l'affaire à l'administration ? Cet arrêté , dont les motifs se détruisent réciproquement et dont le résultat, en laissant les parties sans juges ni recours , est un *déni formel de justice* , ne doit-il pas être annulé ?

Les Préfets ne sont ni ne peuvent être une autorité sans appel , et puisque c'est au *Conseil d'Etat* qu'il faut appeller des actes des Préfets , cette autorité supérieure doit apprécier ces actes dans le fond tout comme dans la forme ; et d'ailleurs , ainsi que je le répète , l'arrêté du Préfet étant au fond un *véritable déni de justice* , c'est encore sous ce point de vue qu'il fallait le considérer.

Enfin , il semble que l'on ait toujours voulu éviter de répondre catégoriquement à la question

posée par l'arrêt même de la Cour de Cassation ;
cette Cour a dit :

« *Attendu qu'il est incertain si la prétention*
» *que réclame l'opposant est à la charge du Gou-*
» *vernement ou à celle de Verac et consorts,*
» *et qu'il n'appartient qu'au Gouvernement de*
» *décider cette question.* » (9)

Il paraissait tout naturel de répondre en termes
simples, précis et clairs, *le Gouvernement doit ou*
ne doit pas.

Voici cependant de quelle manière le Conseil
d'État s'est expliqué (14).

« Considérant que, par l'arrêté du Gouverne-
» nement du 13 brumaire an 10, les Préfets sont
» chargés d'élever le conflit d'attribution dans le
» cas seulement où un tribunal serait saisi d'une
» contestation dont le jugement appartiendrait, par
» sa nature, à l'autorité administrative ; mais que
» cet arrêté, ni aucun autre réglement n'autorise
» les Préfets, après qu'un tribunal s'est lui-même
» déclaré incompétent et a renvoyé les parties de-
» vant l'administration, à prendre aucune mesure
» sur les réclamations des parties contre le ren-
» voi ; qu'en conséquence, le Préfet du départe-
» ment de la Seine a été fondé à rejeter, par son
» arrêté du 16 juillet 1807, la demande du sieur
» Cezan, tendant à ce que le conflit fut élevé sur
» la contestation subsistante entre le sieur Cezan
» et les anciens agens des vivres.

» Notre Conseil d'État entendu, nous avons ordonné et ordonnons ce qui suit :

ARTICLE PREMIER.

» La requête du sieur Gezan est rejetée, sauf à » lui à se pourvoir ainsi qu'il appartient.

ART. II.

» Le sieur Gezan est condamné aux dépens.

ART. III.

» Notre Ministre Secrétaire d'État de la guerre, » est chargé de l'exécution de la présente ordon- » nance. »

« Approuvé le 16 juillet 1817.

Signé, LOUIS.

» Par le Roi, le Garde des Sceaux, Ministre de » la justice, *Signé*, PASQUIER.

» Pour expédition conforme à la minute, en- » gistrée à Paris, le 26 juillet 1817, par Gelin, » qui a reçu 27 fr. 50 cent., subvention comprise.

» Le Secrétaire du Conseil d'État,

Signé, HOCHET.

Si je savais expliquer les énigmes, je chercherais à deviner les motifs de cette ordonnance.

Le Préfet ne peut élever de conflit que dans le cas où un tribunal est saisi d'une contestation

dont le jugement appartiendrait, par sa nature,
à l'autorité administrative.

Et quand un tribunal s'est déclaré incompé-
tent et a renvoyé les parties devant l'adminis-
tration, il ne peut prendre aucune mesure

Il suit delà, que le tribunal refusant de juger
parce qu'il renvoie à l'administration, et l'administration refusant à son tour d'élever conflit ou
de juger la question, les parties demeurent sans
juges, le spoliateur triomphe, et la victime se
tait. Etrange législation dans laquelle les citoyens
peuvent se trouver sans tribunaux pour juger leurs
contestations ; quand, d'autre part, les lois so-
ciales, qu'une pareille jurisprudence détruit, subsistent encore pour leur ôter le DROIT NATUREL :
CELUI DE LA GUERRE POUR DÉFENDRE SA PROPRIÉTÉ !

Aussi, Monseigneur, je viens vous demander,
au terme de cette ordonnance, et en même temps,
si besoin est, sans égard à cet ordonnance, de vou-
loir bien m'indiquer devant qui je dois me pourvoir
(conformément, mais sans établir aucune conséquence) à l'article premier qui dit : *sauf à lui*
(*Cezan*) à se pourvoir ainsi qu'il appartient.

Mais avant d'exposer à votre Grandeur les raisons que je crois propres à provoquer sa déter-
mination, je pense qu'il est utile de l'instruire d'un
fait qui, peut-être, n'est pas sans quelqu'importance.

Dans la copie de l'ordonnance précitée, que mes
adversaires m'ont fait parvenir avec une forma-

lité qui ressemble à une formalité judiciaire, l'article 3 est ainsi conçu :

Notre Ministre, Secrétaire d'État de la Guerre, est chargé de l'exécution de la présente ordonnance.

Dans une ampliation *minute*, qui m'a été communiquée dans les bureaux même du Conseil d'État, j'ai lu :

Nos Ministres Secrétaires d'État de la Justice et de la Guerre, sont chargés, etc.—On avait rayé les mots *Secrétaire d'État de la Justice*, et surchargé ceux *nos Ministres* pour en faire *notre Ministre*. J'ai pu voir dans cette *différence* l'intention bien manifestée de m'éloigner de plus en plus de mes juges ; j'ai demandé à voir le registre original dans lequel cette ordonnance doit être inscrite ; mais sous un de ces prétextes frivoles que Messieurs de bureau savent toujours trouver à propos et dont ils croient que les parties sont dupes, on a refusé de satisfaire à ma demande. Je ne tire pour l'instant aucune conséquence de ce fait ; mais j'en instruis votre Excellence parce qu'il est possible que dans la suite je sois obligé d'en faire usage.

Maintenant j'entre en matière.

Dans l'état actuel des choses, et sans examiner encore dans quelles limites la *Charte constitutionnelle* a renfermé les attributions de l'autorité administrative, c'est à vous seul, Monseigneur, de me dire *par une décision*, quel est le tribunal auquel il appartient de juger entre Verac et consorts et moi ; car je ne pense pas que je puisse m'adresser au Ministre de la Guerre, quand il s'agit de faire prononcer sur une *question uniquement de propriété* : mon affaire, je crois, n'a rien de commun avec les points de *discipline militaire* dont la connaissance *appartient aux conseils de guerre*, seuls tribunaux compris dans les attributions d'un Ministre de la guerre ; une décision de votre Excellence devient nécessaire, parce qu'avant de me présenter devant les tribunaux ordinaires, il faut avoir déterminé quels peuvent être les effets de l'arrêt de la Cour de Cassation, par lequel cette Cour, *attendu qu'il est incertain si les prétentions sont à la charge du Gouvernement, renvoie devant l'administration.*

Suivant les règles d'une bonne logique, un arrêt cesse d'avoir son effet quand les motifs qui l'ont dicté ont cessé d'exister. Ce principe est si évident, si palpable, que je croirais faire injure à votre Excellence que de chercher à le démontrer ; et d'ailleurs on ne démontre pas des axiómes. Il suffit donc qu'il résulte des actes divers de l'administration, qu'elle ait explicitement ou implicitement déclaré : *que les prétentions de Cezan ne sont pas à la charge du Gouvernement.* Pour que l'arrêt de la Cour de Cassation demeurant sans effet ne puisse plus être invoqué par mes adversaires, et que les jugemens déjà obtenus devant le tribunal de commerce reprennent toute leur force et valeur ; car si les motifs de l'arrêt de la Cour de Cassation n'existent plus , ceux qui ont dicté la sentence rendue par les juges de commerce , subsistent encore dans toute leur intégralité.

Dans l'avis du liquidateur général Defermont, il est dit que *c'est à l'Agence de payer Cezan de ce qui pouvait lui être dû*. L'arrêté du Préfet , en date du 16 juillet 1807 , dit formellement : *la contestation de Cezan doit être poursuivie* COMME TOUTES CELLES ENTRE PARTICULIERS *, devant les tribunaux ordinaires*. Enfin , le Conseil d'État *me renvoie à me pourvoir devant qui il appartient*; ce qui veut dire qu'il ne lui appartient pas de prononcer, parce que *mes prétentions ne sont pas à la charge du Gouvernement*. Or , la Cour de Cassation avait établi l'incertitude du véritable débiteur , par cela seulement que des *exceptions aux lois* , vulgairement appellées décrets impériaux , avaient attribué à la connaissance de *l'administration* les causes dans lesquelles un particulier pouvait avoir une action à soutenir contre cette même *administration* , c'est-à-dire contre le *Gouvernement* qui admettait l'action ou la rejettait suivant le caprice du chef ou de ses agents , c'est parce qu'il pouvait se faire que le Gouvernement fut débiteur , et que le Gouvernement voulut ne pas payer , que la Cour de Cassation annullait les jugemens du tribunal de commerce. Mais l'arrêt de la Cour de Cassation , dans ce cas , n'est qu'un arrêt suspensif ; ce n'est point un arrêt de com-

pétence, car on ne peut pas qualifier de ce nom
un arrêt par lequel cette Cour se déclare elle-
même *incertaine sur cette compétence*, sur laquelle
elle renvoie à l'administration pour prononcer. La
compétence a donc été jugée par l'administration;
et alors, puisque la Cour de Cassation a témoigné
elle-même, par son arrêt, que cette question était
de ressort administratif, il s'en suit que l'administration elle-même a décidé, en dernier ressort, que
les jugemens du tribunal de commerce avaient été
bien et duement, légalement et compétemment
rendu.

Et d'ailleurs, la Cour de Cassation n'a pu, dans
une semblable matière, rendre un arrêt définif;
tout tribunal doit avoir l'autorité suffisante pour
faire exécuter ses décisions. En renvoyant devant l'administration, la Cour de Cassation ne
pouvait pas ordonner que l'administration jugerait
nécessairement; son arrêt n'était donc pas rendu
en dernier ressort. Enfin, un arrêt doit être nul
toutes les fois que le tribunal qui le rend, n'a pas
autorité pour le faire exécuter.

Cependant on m'opposera, devant les tribunaux
cet arrêt de la Cour de Cassation qui, par une im-
prévoyance, malheureusement trop fréquente dans
les actes judiciaires, a prononcé, au sujet des jugemens rendus par le tribunal de commerce, *la
formule fatale* CASSE ET ANNUULLE, au lieu de dire
suspend l'exécution. Cependant l'administration ne
veut pas juger, les tribunaux, liés par l'arrêt *formellement définitif* de la Cour de Cassation ne

pourront pas juger ; et cette Cour qui , semblable *à Jupiter quand il a juré par le styx* , ne peut se réformer elle-même , ne retractera pas sa formule maintenant antilogique , *casse* et *annulle* , et dans ce cas , je serais victime du déni de justice le plus odieux dont les plus abominables tyrannies aient jamais pu donner l'exemple.

Voilà donc où peuvent nous conduire les lois , les arrêtés, les décrets, les ordonnances *d'exception*.

Mais comme je l'ai dit à Votre Excellence , *un Bourbon règne* , vous êtes son Ministre , j'obtiendrai des juges : la tyrannie de Bonaparte ne saurait prolonger , au-delà du terme , sa déplorable influence. Je viens donc vous prier , Monseigneur , de décider :

Qu'attendu que l'arrêt de la Cour de Cassation, rendu sur la question de compétence du tribunal de commerce , dans l'affaire de Cezan contre Verac et consorts , est motivé sur l'incertitude dans laquelle les juges étaient que le Gouvernement fut le débiteur.

Qu'attendu que dans cette incertitude, cette Cour ne pouvait par prononcer définitivement sur cette compétence puisque , si le Gouvernement n'était pas débiteur , la cause était du ressort des tribunaux ordinaires.

Vu l'arrêté du Préfet du département de la Seine , en date du 16 juillet 1807, qui dit que la contestation de Cezan doit être poursuivie par devant les *Tribunaux ordinaires*, et ce, parce que le Gouvernement n'est pas débiteur;

Vu l'ordonnance du Roi, en date du 16 juillet 1817, qui renvoie Cezan à se pourvoir devant qui il appartient;

L'arrêt de la Cour de cassation, en date du 14 germinal an 13, demeure sans effet, et le sieur Cezan est renvoyé à se pourvoir par devant les *Tribunaux ordinaires*.

Mais il pourrait se faire que ces conclusions, raisonnablement établies même dans la supposition où le régime d'exception établi par Bonaparte subsisterait encore, fussent rejettées par d'autres exceptions que je n'aurais pas prévues; car dans la carrière indéfinie des exceptions, toute prévoyance humaine ne saurait appercevoir aucune limite. Dans ce cas, je vais raisonner d'après les lois de la monarchie, et c'est en vertu de la jurisprudence ancienne, et en même temps au nom de la Charte que le Roi vient de nous donner, que je vous prie, Monseigneur, de m'assigner des juges.

Il n'est aucune époque de la monarchie à laquelle on ait vu l'administration juger les questions relatives à la propriété des citoyens, quelque fut la qualité ou la situation des parties; le Domaine royal n'était pas lui même placé hors de la loi commune, et les actions intentées contre ce Domaine étaient du ressort des Tribunaux civils, et soumises à la juridiction suprême des Parlemens.

Le motif en était simple, *c'est qu'on ne doit pas être en même temps* JUGE ET PARTIE; s'il existait autre fois des Tribunaux spéciaux, en matière concernant le Trésor public, tels que les Douanes ou comptes fiscaux, ces Tribunaux ne jugaient point en dernier ressort, et les Parlemens remplissaient toujours, dans toutes les occasions et pour toutes espèces d'affaires, les fonctions de Cours souveraines. Il est inutile sans doute de développer aux yeux de Votre Excellence l'érudition dont un semblable sujet est susceptible; Votre Excellence sait infiniment mieux que moi, que depuis les capitulaires de *Charlemagne*, jusqu'à l'époque fatale de la révolution, tous les édits de nos Rois ont constamment eu pour but principal d'assurer les droits de propriété, et la sûreté personnelle de leurs sujets. Aucune loi n'a jamais autorisé l'administration à s'ériger en autorité judiciaire; elle n'a usurpé ce droit qu'en vertu des décrets de Bonaparte, qui ne sont ni ne peuvent être des lois, parce que *jamais Bonaparte n'a eu le pouvoir de faire des lois.* L'empire de la loi peut être un instant suspendu par la *force* d'un despote, *mais la chûte du despote, qui doit être en même temps celle de la tyrannie,* fait renaître le règne de ces lois, auquel seul, les princes légitimes doivent la durée de leur autorité; car, ainsi que l'a dit Montesquieu: *Dans les États monarchiques il y a une loi; et là où elle est précise, le juge la suit; là où elle ne l'est pas, il en cherche l'esprit :* IL N'Y A POINT DE CITOYEN CONTRE QUI ON PUISSE INTERPRÉTER UNE LOI, QUAND IL S'AGIT DE SES BIENS, DE SON HONNEUR ET DE SA PERSONNE.

Je le répète donc, il n'existe aucune loi qui puisse, dans quelqu'espèce que ce soit, autoriser l'administration à juger une question où il s'agit de *la propriété* ou de la personne d'un citoyen, toutes les lois au contraire ont expressément défendu à l'administration de s'immisser dans les questions de cette nature.

L'Assemblée constituante a posé en principe, *que les fonctions judiciaires sont distinctes et demeurent toujours séparées des fonctions administratives.*

La loi du 24 août 1790, art. 17, titre 2, dit :

L'ordre constitutionnel des jurisdictions ne pourra être troublé, ni les justiciables distraits de leurs juges naturels, par aucune commission ni par d'autres attributions ou évocations que celles qui seront déterminées par les lois.

La Constitution de 1791 dit, art. 4, chapitre 5 :

Les Citoyens ne peuvent être distraits des juges que la loi leur assigne par aucune commission, ni par d'autres attributions ou évocations, que celles qui sont déterminées par les lois.

La Constitution de 1793 déclare *que le Gouvernement est institué pour garantir à l'homme la jouissance de ses droits naturels et imprescriptibles ;* et, art. 1er. que ces droits sont *la sûreté, la propriété ;* celle de l'an 3, art. 204, *que nul* ne peut être distrait des juges que la loi lui assigne, par aucune commission, ni par d'autres attributions que celles déterminées par une loi antérieure.

La Charte donnée par le Roi en 1814, répète encore d'une manière solennelle : *nul ne pourra être distrait de ses juges naturels.*

Je n'apperçois aucun article de loi qui ait donné à aucun agent administratif, appellé Préfet ou autrement, le pouvoir de s'immisser dans des questions relatives à la propriété des Citoyens, je n'apperçois aucune loi dans laquelle des hommes appelés Conseillers d'État, réunis en comité du contentieux ou autre, aient puisé le principe de l'autorité qu'ils croyent avoir de s'ériger en tribunal pour juger des questions relatives à la propriété des Citoyens ; de prononcer des jugemens, de *condamner à des dépends*, et de *faire par* VOIE DE SAISIE, *exécuter ces condamnations* (15), (16), (17). Si j'examine au contraire, et cela dans l'affaire même qui me concerne, le mode d'agir du Conseil d'État, je trouve que ce mode est non seulement une *exception à toutes les lois*, mais encore une exception à la raison commune ; comment en effet admettre un tribunal qui juge *à huis clos*, sans *comparution* ni *audition contradictoire des parties* ? dans lequel les juges prononcent sur *un rapport* qui demeure secret pour les intéressés ? Rapport dans lequel, ainsi que cela est vraisemblablement arrivé dans ma propre affaire, on peut ommettre de rendre compte de pièces importantes. Car, Monseigneur, je dois vous en faire faire la remarque, dans le considérant de l'arrêté du Conseil d'État qui me concerne, la première pièce dont on ait oublié de faire mention, c'est celle qui constitue mon droit envers l'Agence; c'est la Commisson que cette Agence m'avait adressée. Avec une plaidoirie publique, une pièce de cette nature n'aurait pas été oubliée.

La Charte constitutionelle a annullé de droit, toutes les dispositions antérieures qui pourraient lui être contraires; elle a donc nécessairement anéanti toutes les usurpations de l'autorité administrative en matière judiciaire. La Charte Constitutionnelle n'a point établi d'une façon particulière l'existence du Conseil d'État, ni fixé ses attributions; un simple Citoyen doit donc ignorer, sous le rapport de ses intérêts de propriété et de personne, jusqu'au nom même du Conseil d'État, parce qu'un simple Citoyen ne peut ni ne doit rien connaitre qui ne soit dans la Charte ou conforme à la Charte. Les agents administratifs, les préposés du Fisc, peuvent sans doutes être subordonnés, en raison de leurs fonctions, à toute autorité que le Roi, comme chef suprême de l'administration, juge convenable d'élever au-dessus d'eux; mais cette obligation leur est particulière, et le simple Citoyen n'est soumis qu'à la Charte et aux lois constitutionnellement rendues.

Je le répète , Monseigneur , les décrets impériaux ne peuvent plus être invoqués dans tous les
cas où la Charte a posé des limites ; toutes les exceptions aux lois résultant de ces décrets , ont cessé
d'exister le jour même où S. M. nous a donné la
Charte. La Charte ne pouvait terminer la révolution sans anéantir toutes les exceptions quelconques , parce que les révolutions ne sont jamais pré-
parées , exécutées et continuées que par des lois
d'exceptions.

Les décrets impériaux qui ont servi de prétexte
à l'administration pour établir sa jurisdiction dans
mon affaire , déjà nuls suivant même les constitutions dites de l'Empire , ces décrets sont tombés
avec la tyrannie de qui ils recevaient leur force
momentanée ; ils sont anéantis par la Charte royale.
Depuis 1814, je rentre sous la domination des lois.

Conformément à toutes les constitutions , l'arrêt
de la Cour de Cassation est radicalement nul ;
parce que les motifs qui l'ont dicté attesttent que
c'est un arrêt de tyrannie et non pas un arrêt judiciaire. Dans les motifs de cet arrêt , la Cour de
Cassation a oublié même les lois auxquelles elle
doit son existence.

La loi du premier décembre 1790 , dit, art. 17 :
l'intitulé de jugement de cassation portera toujours
avec le nom des parties , l'objet de leur demande ;
et le *dispositif contiendra le texte de la loi ou des
lois sur lesquelles la décision sera appuyée.*

La constitution de 1791 , art. 20 , s'exprime ainsi :

Le tribunal de Cassation après avoir cassé le jugement dans lequel les formes auront été violées ou qui contiendra une contravention expresse à la loi, RENVERRA LE FOND DU PROCÈS AU TRIBUNAL QUI DOIT EN CONNAITRE.

La constitution de l'an 3, art. 255, celle de l'an 8, art. 66, s'expriment positivement dans les mêmes termes.

L'arrêté du 23 brumaire an 10, sur lequel s'appuie la Cour de Cassation dans mon affaire, n'était pas une loi, ne pouvait pas être considéré comme loi, il ne pouvait servir de base à l'arrêt.

Mais le code de commerce, *et ce code est une loi constitutionnellement rendue par le concours des autorités qui seules réunies, ont le droit de faire des lois.*

Le code de commerce, art. 631, dit : « les tribunaux de commerce connaîtront, 1°. *de toutes contestations relatives aux engagemens et transactions entre négocians, marchands et banquiers ;* 2°. entre toutes personnes, *des contestations relatives à des actes de commerce.* »

Art. 632. *La loi répute actes de commerce toutes entreprises de manufactures, de commission, de transport par terre et par eau...*

Toute entreprise de fourniture, etc,

Cette loi était précise ; la Cour de Cassation n'a pas pu dire que le tribunal de Commerce l'eût violée, la Cour de Cassation ne pouvait donc annuller le jugement de ce tribunal.

D'après ces considérations je vous prie, Monseigneur, attendu que depuis la promulgation de
la Charte, en 1814, la France est rentrée sous le
règne des lois momentanément suspendu par les
arrêtés et décrets d'exception de Bonaparte, et que,
par conséquent, l'ordre judiciaire est rentré dans
la plénitude de ses attributions.

Attendu que, conformément aux lois, l'autorité administrative ne peut, en aucune manière,
s'immiscer dans les affaires relatives aux propriétés
des citoyens, affaires sur lesquelles il n'appartient
de prononcer qu'à l'ordre judiciaire ;

Attendu que des arrêts de la Cour de Cassation,
fondés sur des décrets d'exception dont la Charte
a prononcé l'anéantissement, ne sauraient plus
influer sur le sort des parties qui doivent être re-
tablies dans leur état antérieur à ces décrets d'exception ;

Attendu que tous actes d'une administration
quelconque, qui depuis la Charte, auraient pro-
noncés sur des matières appartenant à l'ordre judiciaires, sont nuls et abusifs, parce qu'ils sont
inconstitutionnels.

Ordonner que sans s'arrêter à l'arrêt de la Cour
de Cassation, en date du 14 germinal an 13, ni
aux arrêtés du Préfet ou du Conseil d'État qui ont
suivi.

Le sieur Cezan est autorisé à se pourvoir par
devant les tribunaux ordinaires.

Il ne me reste plus, Monseigneur, qu'à supplier

Votre Excellence de m'honorer d'une prompte réponse ; les circonstances me forcent à solliciter de vous cette faveur ; car, si contre mes espérances, votre décision était contraire à ma demande, alors je devrai m'adresser à l'autorité législative qui, sans doute, ne pourrait s'empêcher de décider que *les lois ne peuvent jamais être absentes ni muettes, quand les citoyens en demande l'application.*

MONSEIGNEUR,

J'ai l'honneur d'être, avec un profond respect, votre très-humble et très-obéissant serviteur,

G. CEZAN,
Rue Thevenot, N°. 15.

Paris, le 13 avril, 1818.

NATURE DES PIÈCES.

N°.	date	Mois.	Année.	
1	4	vend.	6ᵉ.	Extrait de naissance du sieur Gaspard Cezan, du 19 février 1766.
2	1	mess.	3ᵉ.	Certificat de civisme constatant sa profession de courtier de commerce à Marseille.
3	23	vend.	6ᵉ.	Copie de la commission des sieurs Jacob Coen, Bacri et Compⁱᵉ., pour achats de blés en Italie, mission du 4 messidor de l'an 3.
4	16	brum.	9ᵉ.	Nomination de Gaspard Cezan par l'Agence.
5	20	pluv.	10ᵉ.	Extrait du compte général rendu par le sieur Cezan à l'Agence, et reconnu et signé par elle, où se trouve inclus l'arrêté de l'ordonnateur en chef Bainod, par lequel le sieur Cezan doit se pourvoir auprès d'elle pour le paiement dudit compte, sous la date du 15 floréal an 10.
6	11	fruct.	12ᵉ.	Jugement du tribunal de commerce de Paris, en faveur du sieur Cezan, et condamnant (l'Agence) Verac et consorts à lui payer ce qu'ils lui devaient.
7	2	frim.	13ᵉ.	Autre jugement du tribunal susdit, déboutant de leur opposition le sieur Verac et consorts, rendu également en faveur de Cezan, *par* l'obligation à l'Agence de lui payer sa dette.
8	21	brum.	13ᵉ.	Arrêt de la Cour de cassation sur requête non communiquée au sieur Cezan, qui *annulle* et *casse* le jugement du commerce de Paris précité.
9	14	germ.	13ᵉ.	Autre arrêt de la Cour de cassation, qui maintient le précédent arrêt, motivé sur l'incertitude du débiteur, au lieu de suspendre l'exécution.
10	9	brum.	13ᵉ.	Pétition de Cezan au grand-juge ministre de la justice, pour rectifier l'erreur com-

N°.	date	Mois.	Année.	Suite de la nature des pièces,
				mise par la Cour de cassatian , y joint un mémoire avec pièces à l'appui pour le Conseil d'état.
11	26	vend.	14°.	Réponse du grand-juge ministre de la justice , sur la pétition précitée de Cezan , par laquelle ce ministre s'évade à travers les formes.
12	29	brum.	14°.	Pétition de Cezan à M. le préfet de la Seine.
13	16	juillet	1807	Arrêté de M. le préfet de la Seine , en réponse à la pétition précitée du sieur Cezan , contradictoire par lui-même.
14	16	juillet	1817	Extrait des registres du Conseil d'état, qui renvoie Cezan à se pourvoir ainsi qu'il appartient. Cet extrait a été signifié avec une formalité qui ressemble à une formalité judiciaire.
15	31	janv.	1818	Sommation, d'ordre du Conseil d'état, pour obliger Cezan à payer les dépens.
16	26	févri^{er}	1818	Acte de saisie, d'ordre du Conseil d'état, quoique contraire à la constitution de la France , inclus l'opposition de Cezan.
17	11	avril.	1818	Autre acte de saisie d'ordre du Conseil d'état, avec la présence du juge de paix, inclus autre opposition par le sieur Cezan ; portant, en outre sommation à M. le juge de paix et aux trois huissiers, de vouloir bien se retirer de son domicile.

17 pièces en tout, et à l'appui du présent Mémoire.

Paris , ledit jour et an que dessus.

G. GEZAN.

De l'Imprimerie de N o u z o u , rue de Cléry , n°. 9 , à Paris.